So wird es gemacht:

Öffne das mini LÜK®- Kontrollgerät und lege die Plättchen in den unbedruckten Deckel.

Jetzt kannst du auf den Plättchen und im Kontrollgerät die Zahlen 1 bis 12 sehen.

Beispiel: Seite 2

Addition ohne Zehnerüberschreitung

Nimm ein Plättchen — z.B. das Plättchen 3 und sieh dir die Aufgabe Nr. 3 an: *63 + 6 =* ○

Rechne nun die Aufgabe und suche das Ergebnis in der Lösungsspalte. Das Ergebnis ist *69*.

Rechts neben dem Ergebnis steht die Feldzahl, auf die du das Plättchen legst *(69 → 10)*.

Lege also das Plättchen 3 auf das Feld 10 im Kontrollgerät.

Die Zahl **3** soll nach oben zeigen.

1	2	3	4	5	6
7	8	9	10	11	12

So arbeitest du weiter, bis alle 12 Plättchen im Geräteboden liegen. Schließe dann das Gerät und lege es herum. Öffne es von der Rückseite!

Wenn du das bei der Übungsreihe abgebildetete Muster siehst, hast du alle Aufgaben richtig gelöst. Passen einige Plättchen nicht in das Muster, dann hast du dort Fehler gemacht.

Wende diese Plättchen dort, wo sie liegen, um, schließe das Gerät, lege es herum und öffne es wieder. Nun kannst du sehen, welche Aufgaben du falsch gelöst hast. Nimm jetzt diese Plättchen heraus und suche die richtigen Ergebnisse! Kontrolliere dann noch einmal! Stimmt jetzt das Muster?

Und nun viel Spaß!

Addition ohne Zehnerüberschreitung

1 31 + 7 =
2 52 + 2 =
3 63 + 6 =
4 42 + 6 =
5 63 + 5 =
6 34 + 2 =
7 63 + 3 =
8 42 + 3 =
9 51 + 6 =
10 36 + 3 =
11 54 + 5 =
12 42 + 4 =

→

36	8
38	11
39	5
45	1
46	2
48	12
54	7
57	9
59	3
66	6
68	4
69	10

1 = 52 + 3
2 = 73 + 3
3 = 62 + 2
4 = 71 + 7
5 = 44 + 5
6 = 52 + 4
7 = 61 + 4
8 = 41 + 3
9 = 72 + 5
10 = 52 + 6
11 = 63 + 4
12 = 42 + 5

→

44	11
47	12
49	8
55	9
56	6
58	3
64	2
65	4
67	7
76	5
77	1
78	10

Subtraktion ohne Zehnerüberschreitung

1	☐ = 77 − 4
2	☐ = 55 − 2
3	☐ = 49 − 8
4	☐ = 78 − 6
5	☐ = 68 − 7
6	☐ = 56 − 2
7	☐ = 79 − 4
8	☐ = 47 − 5
9	☐ = 66 − 3
10	☐ = 57 − 2
11	☐ = 47 − 3
12	☐ = 66 − 1

→

41	6
42	7
44	5
53	1
54	8
55	9
61	12
63	11
65	2
72	4
73	3
75	10

1	37 − 5 = ◯
2	67 − 3 = ◯
3	58 − 6 = ◯
4	49 − 9 = ◯
5	53 − 2 = ◯
6	39 − 6 = ◯
7	68 − 2 = ◯
8	59 − 3 = ◯
9	37 − 2 = ◯
10	48 − 5 = ◯
11	66 − 4 = ◯
12	48 − 3 = ◯

→

32	2
33	5
35	4
40	1
43	8
45	11
51	9
52	3
56	12
62	10
64	6
66	7

Die Mitte fehlt

1	67 = ___ + 3
2	98 = ___ + 5
3	99 = ___ + 8
4	67 = ___ + 4
5	77 = ___ + 2
6	88 = ___ + 4
7	78 = ___ + 7
8	89 = ___ + 9
9	67 = ___ + 6
10	97 = ___ + 5
11	76 = ___ + 3
12	89 = ___ + 7

→

61	1
63	6
64	11
71	12
73	7
75	2
80	4
82	3
84	9
91	8
92	5
93	10

1	37 = ___ + 3
2	18 = ___ + 6
3	39 = ___ + 8
4	27 = ___ + 4
5	46 = ___ + 6
6	18 = ___ + 5
7	28 = ___ + 3
8	47 = ___ + 5
9	19 = ___ + 4
10	48 = ___ + 7
11	28 = ___ + 4
12	39 = ___ + 6

→

12	4
13	3
15	11
23	8
24	5
25	2
31	12
33	9
34	7
40	6
41	1
42	10

Finde die Lösung!

1. 83 = ___ − 3
2. 73 = ___ − 1
3. 61 = ___ − 6
4. 54 = ___ − 4
5. 73 = ___ − 3
6. 83 = ___ − 2
7. 65 = ___ − 3
8. 82 = ___ − 2
9. 52 = ___ − 5
10. 73 = ___ − 4
11. 63 = ___ − 6
12. 54 = ___ − 5

→

57	12
58	9
59	1
67	11
68	3
69	6
74	8
76	5
77	4
84	2
85	7
86	10

1. 63 = ___ − 2
2. 73 = ___ − 4
3. 81 = ___ − 8
4. 64 = ___ − 2
5. 82 = ___ − 5
6. 91 = ___ − 4
7. 62 = ___ − 2
8. 91 = ___ − 6
9. 83 = ___ − 5
10. 72 = ___ − 3
11. 93 = ___ − 3
12. 72 = ___ − 7

→

64	12
65	5
66	6
75	11
77	3
79	10
87	8
88	1
89	2
95	4
96	7
97	9

Hier geht es über den Zehner!

1	54	+	8	=
2	57	+	7	=
3	39	+	6	=
4	67	+	8	=
5	68	+	6	=
6	48	+	3	=
7	58	+	7	=
8	48	+	5	=
9	35	+	7	=
10	69	+	4	=
11	45	+	9	=
12	36	+	8	=

→

42	3
44	11
45	4
51	5
53	6
54	9
62	2
64	12
65	1
73	8
74	10
75	7

→

31	4
32	12
33	6
41	7
43	5
46	11
52	10
55	2
56	8
61	9
63	3
65	1

1	25	+	8	=
2	47	+	9	=
3	45	+	7	=
4	38	+	8	=
5	23	+	8	=
6	58	+	7	=
7	37	+	6	=
8	48	+	7	=
9	52	+	9	=
10	26	+	6	=
11	56	+	7	=
12	38	+	3	=

Minusaufgaben mit Zehnerüberschreitung

1 ___ = 75 − 8
2 ___ = 81 − 5
3 ___ = 91 − 6
4 ___ = 62 − 4
5 ___ = 82 − 9
6 ___ = 72 − 6
7 ___ = 92 − 8
8 ___ = 66 − 9
9 ___ = 93 − 6
10 ___ = 73 − 4
11 ___ = 83 − 9
12 ___ = 62 − 3

→

57	7
58	3
59	8
66	2
67	4
69	10
73	12
74	11
76	1
84	9
85	6
87	5

→

37	9
38	7
39	10
47	3
48	4
49	6
54	11
55	2
56	12
64	5
65	1
68	8

1 ___ = 61 − 5
2 ___ = 55 − 8
3 ___ = 41 − 3
4 ___ = 62 − 8
5 ___ = 72 − 7
6 ___ = 53 − 5
7 ___ = 71 − 7
8 ___ = 46 − 9
9 ___ = 72 − 4
10 ___ = 51 − 2
11 ___ = 61 − 6
12 ___ = 48 − 9

Ergänzungsaufgaben zur Addition

→

55	3
56	2
58	9
65	8
66	6
69	11
75	5
77	7
78	10
84	4
85	1
89	12

1 ___ + 5 = 83
2 ___ + 9 = 75
3 ___ + 6 = 91
4 ___ + 4 = 62
5 ___ + 5 = 82
6 ___ + 3 = 72
7 ___ + 7 = 62
8 ___ + 5 = 94
9 ___ + 9 = 74
10 ___ + 8 = 92
11 ___ + 7 = 63
12 ___ + 8 = 83

→

54	7
57	9
59	11
64	2
67	4
68	1
74	8
76	3
79	5
86	10
87	12
88	6

1 ___ + 7 = 61
2 ___ + 8 = 84
3 ___ + 6 = 93
4 ___ + 6 = 70
5 ___ + 3 = 91
6 ___ + 8 = 75
7 ___ + 9 = 83
8 ___ + 7 = 64
9 ___ + 2 = 81
10 ___ + 6 = 74
11 ___ + 4 = 63
12 ___ + 6 = 92

Ergänzungsaufgaben zur Subtraktion

1	☐ − 9 = 26
2	☐ − 4 = 49
3	☐ − 5 = 59
4	☐ − 6 = 35
5	☐ − 3 = 49
6	☐ − 7 = 27
7	☐ − 9 = 57
8	☐ − 4 = 38
9	☐ − 5 = 28
10	☐ − 4 = 47
11	☐ − 8 = 54
12	☐ − 7 = 39

→

33	9
34	6
35	1
41	8
42	5
46	12
51	7
52	4
53	11
62	3
64	10
66	2

1	☐ ☐ − 8 = 48
2	☐ ☐ − 6 = 39
3	☐ ☐ − 3 = 58
4	☐ ☐ − 6 = 38
5	☐ ☐ − 8 = 57
6	☐ ☐ − 2 = 29
7	☐ ☐ − 6 = 57
8	☐ ☐ − 8 = 46
9	☐ ☐ − 5 = 27
10	☐ ☐ − 8 = 35
11	☐ ☐ − 7 = 48
12	☐ ☐ − 6 = 30

→

31	9
32	2
36	3
43	6
44	5
45	10
54	4
55	8
56	12
61	7
63	11
65	1

Vermischte Übungen

1. ___ + 7 = 71
2. ___ − 5 = 88
3. ___ + 8 = 85
4. ___ − 6 = 46
5. ___ + 7 = 92
6. ___ − 9 = 46
7. ___ + 6 = 71
8. ___ − 7 = 85
9. ___ + 9 = 52
10. ___ − 4 = 69
11. ___ + 6 = 50
12. ___ − 8 = 74

→

43	8
44	2
52	11
55	3
64	6
65	5
73	12
77	1
82	9
85	7
92	10
93	4

1. ___ + 5 = 51
2. ___ − 3 = 88
3. ___ + 8 = 83
4. ___ − 6 = 78
5. ___ + 9 = 63
6. ___ − 7 = 87
7. ___ + 9 = 76
8. ___ − 6 = 47
9. ___ + 8 = 94
10. ___ − 7 = 38
11. ___ + 9 = 85
12. ___ − 8 = 58

→

45	10
46	4
53	2
54	5
66	1
67	9
75	11
76	6
84	3
86	12
91	8
94	7

Plus und minus im Wechsel

1		+	6	=	53
2		−	5	=	29
3		+	9	=	65
4		−	8	=	36
5		+	7	=	74
6		−	5	=	49
7		+	8	=	44
8		−	9	=	57
9		+	3	=	51
10		−	6	=	29
11		+	4	=	72
12		−	5	=	48

→

34	10
35	1
36	8
44	2
47	7
48	5
53	3
54	9
56	12
66	4
67	6
68	11

1		+	6	=	51
2		−	8	=	57
3		+	6	=	52
4		−	7	=	67
5		+	9	=	64
6		−	4	=	39
7		+	8	=	83
8		−	3	=	48
9		+	4	=	73
10		−	6	=	58
11		+	7	=	83
12		−	5	=	47

→

43	12
45	3
46	8
51	5
52	6
55	2
64	9
65	11
69	7
74	4
75	10
76	1

Einfache Addition

1	= 40 + 38
2	= 20 + 56
3	= 80 + 19
4	= 50 + 46
5	= 10 + 54
6	= 70 + 16
7	= 40 + 54
8	= 50 + 15
9	= 40 + 41
10	= 50 + 27
11	= 20 + 49
12	= 20 + 65

→

64	3
65	8
69	4
76	2
77	12
78	6
81	10
85	7
86	1
94	11
96	5
99	9

1	= 10 + 69
2	= 60 + 24
3	= 30 + 37
4	= 60 + 15
5	= 50 + 33
6	= 20 + 78
7	= 30 + 44
8	= 40 + 23
9	= 30 + 52
10	= 70 + 25
11	= 30 + 38
12	= 60 + 37

→

63	12
67	4
68	9
74	7
75	1
79	2
82	3
83	10
84	6
95	8
97	11
98	5

Einfache Subtraktion

13	3
14	5
16	9
24	2
25	1
26	11
34	6
36	7
38	8
44	10
45	12
48	4

1. 76 − 60 =
2. 78 − 40 =
3. 56 − 30 =
4. 84 − 40 =
5. 94 − 80 =
6. 86 − 50 =
7. 58 − 10 =
8. 94 − 70 =
9. 95 − 50 =
10. 83 − 70 =
11. 74 − 40 =
12. 65 − 40 =

1. 63 − 20 =
2. 77 − 50 =
3. 98 − 40 =
4. 76 − 30 =
5. 81 − 50 =
6. 53 − 20 =
7. 32 − 10 =
8. 74 − 20 =
9. 72 − 30 =
10. 93 − 70 =
11. 96 − 40 =
12. 95 − 60 =

22	11
23	6
27	4
31	1
33	3
35	9
42	2
43	12
46	5
54	10
56	8
58	7

Wie heißt die fehlende Zahl?

1 92 = 60 +
2 57 = 10 +
3 75 = 20 +
4 94 = 50 +
5 98 = 70 +
6 88 = 30 +
7 77 = 40 +
8 55 = 30 +
9 97 = 40 +
10 73 = 30 +
11 64 = 40 +
12 45 = 10 +

→

24	3
25	11
28	4
32	7
35	6
37	8
43	1
44	2
47	5
55	10
57	9
58	12

→

12	10
13	3
14	9
26	5
27	6
29	8
33	7
34	1
36	11
45	2
46	12
48	4

1 93 = 80 +
2 99 = 70 +
3 56 = 20 +
4 88 = 40 +
5 86 = 60 +
6 84 = 50 +
7 72 = 60 +
8 65 = 20 +
9 77 = 50 +
10 54 = 40 +
11 96 = 50 +
12 63 = 30 +

Fülle die Leerstellen aus!

1		−	30	=	34
2		−	40	=	35
3		−	30	=	21
4		−	10	=	58
5		−	20	=	64
6		−	50	=	27
7		−	10	=	43
8		−	50	=	16
9		−	70	=	17
10		−	40	=	46
11		−	20	=	56
12		−	20	=	36

→

51	9
53	6
56	2
64	11
66	1
68	12
75	7
76	4
77	8
84	3
86	5
87	10

→

63	11
65	3
67	9
73	4
74	10
78	5
82	1
83	12
85	7
95	6
96	2
98	8

1		−	30	=	52
2		−	10	=	63
3		−	60	=	35
4		−	40	=	58
5		−	70	=	13
6		−	40	=	25
7		−	50	=	46
8		−	60	=	14
9		−	20	=	43
10		−	50	=	35
11		−	30	=	48
12		−	50	=	17

Plus und minus

1. 10 + 74 =
2. 75 − 60 =
3. 50 + 29 =
4. 35 − 10 =
5. 40 + 45 =
6. 37 − 20 =
7. 20 + 54 =
8. 94 − 80 =
9. 60 + 21 =
10. 43 − 20 =
11. 50 + 36 =
12. 51 − 40 =

→

11	6
14	11
15	5
17	12
23	10
25	3
74	9
79	2
81	7
84	4
85	8
86	1

1. 70 + 13 =
2. 42 − 30 =
3. 30 + 47 =
4. 66 − 50 =
5. 30 + 57 =
6. 23 − 10 =
7. 50 + 32 =
8. 56 − 30 =
9. 40 + 38 =
10. 64 − 40 =
11. 20 + 68 =
12. 48 − 30 =

→

12	9
13	10
16	5
18	4
24	12
26	3
77	1
78	2
82	11
83	6
87	7
88	8

Übe diese Aufgaben!

1. ◯ = 10 + 72
2. ◯ = 44 − 20
3. ◯ = 40 + 47
4. ◯ = 84 − 50
5. ◯ = 30 + 56
6. ◯ = 85 − 60
7. ◯ = 20 + 42
8. ◯ = 71 − 40
9. ◯ = 20 + 64
10. ◯ = 62 − 40
11. ◯ = 30 + 34
12. ◯ = 97 − 60

→

22	4
24	1
25	2
31	7
34	9
37	8
62	3
64	11
82	10
84	5
86	12
87	6

1. ▭ = 20 + 55
2. ▭ = 73 − 50
3. ▭ = 40 + 58
4. ▭ = 72 − 60
5. ▭ = 30 + 67
6. ▭ = 56 − 30
7. ▭ = 40 + 33
8. ▭ = 98 − 70
9. ▭ = 50 + 43
10. ▭ = 61 − 50
11. ▭ = 20 + 75
12. ▭ = 94 − 80

→

11	3
12	10
14	11
23	12
26	5
28	6
73	4
75	9
93	2
95	8
97	1
98	7

Lauter Plusaufgaben

1	= 26 + 52		
2	= 71 + 18		
3	= 14 + 52		
4	= 13 + 81		
5	= 31 + 44		
6	= 41 + 45		
7	= 65 + 33		
8	= 44 + 21		
9	= 33 + 64		
10	= 55 + 12		
11	= 54 + 34		
12	= 62 + 14		

→

65	7
66	6
67	9
75	12
76	8
78	3
86	2
88	11
89	1
94	4
97	5
98	10

1	43 + 25 =
2	43 + 53 =
3	32 + 32 =
4	33 + 46 =
5	32 + 53 =
6	51 + 23 =
7	53 + 42 =
8	22 + 77 =
9	24 + 45 =
10	62 + 22 =
11	44 + 33 =
12	25 + 62 =

→

64	9
68	12
69	10
74	7
77	4
79	11
84	6
85	3
87	1
95	5
96	8
99	2

Hier wird nur subtrahiert!

1		= 75 − 63
2		= 69 − 24
3		= 75 − 11
4		= 89 − 76
5		= 85 − 42
6		= 68 − 21
7		= 98 − 87
8		= 98 − 33
9		= 59 − 13
10		= 76 − 34
11		= 87 − 25
12		= 96 − 52

→

11	2
12	7
13	8
42	1
43	4
44	6
45	11
46	9
47	12
62	3
64	10
65	5

1	77 − 26 =	
2	66 − 43 =	
3	88 − 14 =	
4	97 − 66 =	
5	97 − 24 =	
6	78 − 56 =	
7	87 − 12 =	
8	75 − 42 =	
9	87 − 33 =	
10	86 − 65 =	
11	68 − 15 =	
12	89 − 57 =	

→

21	12
22	3
23	4
31	5
32	9
33	10
51	6
53	8
54	2
73	7
74	1
75	11

Übe diese Ergänzungsaufgaben!

1	59 = 28 +
2	95 = 72 +
3	58 = 14 +
4	77 = 35 +
5	86 = 75 +
6	47 = 13 +
7	78 = 53 +
8	99 = 54 +
9	76 = 62 +
10	49 = 23 +
11	66 = 34 +
12	67 = 52 +

→

11	8
14	7
15	3
23	10
25	6
26	11
31	5
32	1
34	9
42	12
44	2
45	4

1	47 = 34 +
2	65 = 41 +
3	68 = 56 +
4	67 = 26 +
5	88 = 53 +
6	58 = 42 +
7	96 = 53 +
8	57 = 35 +
9	98 = 62 +
10	77 = 44 +
11	87 = 41 +
12	88 = 67 +

→

12	7
13	4
16	5
21	11
22	6
24	12
33	10
35	1
36	2
41	3
43	9
46	8

Wer kann das ohne Fehler?

1	___ − 11 = 73
2	___ − 54 = 21
3	___ − 62 = 35
4	___ − 35 = 52
5	___ − 13 = 51
6	___ − 27 = 52
7	___ − 55 = 44
8	___ − 34 = 33
9	___ − 42 = 44
10	___ − 33 = 32
11	___ − 85 = 11
12	___ − 43 = 34

→

64	10
65	1
67	11
75	5
77	6
79	12
84	7
86	3
87	2
96	9
97	4
99	8

1	___ − 41 = 53
2	___ − 63 = 25
3	___ − 32 = 42
4	___ − 21 = 45
5	___ − 52 = 37
6	___ − 63 = 35
7	___ − 42 = 34
8	___ − 72 = 23
9	___ − 64 = 14
10	___ − 44 = 25
11	___ − 21 = 64
12	___ − 55 = 13

→

66	3
68	7
69	10
74	11
76	9
78	6
85	12
88	8
89	5
94	4
95	2
98	1

Beachte die Fragestellung!

1	66 + 32 =
2	76 − 61 =
3	32 + 62 =
4	39 − 13 =
5	14 + 72 =
6	69 − 55 =
7	83 + 12 =
8	88 − 66 =
9	32 + 53 =
10	35 − 24 =
11	43 + 46 =
12	77 − 54 =

→

11	2
14	4
15	3
22	9
23	10
26	7
85	12
86	5
89	6
94	11
95	1
98	8

→

12	8
13	1
16	7
21	6
24	2
25	5
84	10
87	11
88	9
96	3
97	12
99	4

1	= 44 + 43
2	= 88 − 75
3	= 55 + 44
4	= 57 − 36
5	= 22 + 62
6	= 95 − 83
7	= 72 + 25
8	= 59 − 43
9	= 45 + 51
10	= 49 − 24
11	= 54 + 34
12	= 69 − 45

Wer schafft das am schnellsten?

1	52 + 22 =
2	64 − 43 =
3	51 + 18 =
4	77 − 53 =
5	15 + 62 =
6	88 − 52 =
7	12 + 54 =
8	97 − 75 =
9	62 + 16 =
10	58 − 23 =
11	33 + 31 =
12	77 − 45 =

→

21	1
22	7
24	10
32	8
35	3
36	2
64	11
66	4
69	6
74	9
77	12
78	5

→

23	6
25	7
26	11
31	8
33	12
34	5
65	2
67	4
68	9
75	3
76	10
79	1

1	= 32 + 47
2	= 59 − 33
3	= 23 + 45
4	= 65 − 34
5	= 22 + 53
6	= 75 − 52
7	= 44 + 21
8	= 47 − 13
9	= 42 + 34
10	= 89 − 64
11	= 44 + 23
12	= 98 − 65

Das ist nicht einfach!

1. 24 + 38 =
2. 28 + 15 =
3. 17 + 49 =
4. 38 + 44 =
5. 18 + 26 =
6. 26 + 59 =
7. 38 + 25 =
8. 29 + 12 =
9. 16 + 68 =
10. 48 + 16 =
11. 15 + 27 =
12. 44 + 39 =

41	9
42	8
43	3
44	1
62	12
63	11
64	6
66	7
82	5
83	10
84	2
85	4

1. 26 + 47 =
2. 36 + 19 =
3. 34 + 59 =
4. 18 + 36 =
5. 76 + 19 =
6. 49 + 45 =
7. 14 + 57 =
8. 37 + 16 =
9. 48 + 26 =
10. 56 + 35 =
11. 57 + 18 =
12. 23 + 29 =

52	4
53	3
54	1
55	9
71	7
73	2
74	6
75	12
91	8
93	5
94	10
95	11

Für gute Rechner!

1	■	= 54 − 37
2	●	= 52 − 14
3	■	= 64 − 48
4	●	= 81 − 28
5	■	= 62 − 27
6	●	= 84 − 45
7	■	= 75 − 19
8	●	= 74 − 56
9	■	= 71 − 34
10	●	= 92 − 38
11	■	= 84 − 65
12	●	= 81 − 26

→

16	8
17	4
18	5
19	1
35	2
37	7
38	11
39	12
53	3
54	10
55	6
56	9

1	▬	= 72 − 28
2	▬	= 84 − 17
3	▬	= 91 − 65
4	▬	= 96 − 28
5	▬	= 84 − 56
6	▬	= 81 − 35
7	▬	= 84 − 19
8	▬	= 73 − 49
9	▬	= 94 − 47
10	▬	= 93 − 27
11	▬	= 63 − 14
12	▬	= 46 − 19

→

24	7
26	9
27	8
28	3
44	5
46	2
47	10
49	4
65	12
66	11
67	1
68	6

Schwierig, schwierig!

1	83	=		+	26
2	34	=		+	19
3	91	=		+	35
4	53	=		+	16
5	62	=		+	49
6	92	=		+	37
7	61	=		+	26
8	53	=		+	15
9	42	=		+	28
10	94	=		+	58
11	82	=		+	29
12	84	=		+	68

→

13	10
14	3
15	11
16	6
35	2
36	1
37	8
38	5
53	9
55	12
56	4
57	7

1	64	=		+	18
2	93	=		+	69
3	92	=		+	24
4	83	=		+	16
5	85	=		+	38
6	91	=		+	27
7	44	=		+	19
8	72	=		+	24
9	95	=		+	69
10	83	=		+	18
11	71	=		+	22
12	75	=		+	48

→

24	3
25	7
26	6
27	10
46	8
47	5
48	9
49	12
64	4
65	2
67	1
68	11

Suche auch hier die richtige Lösung!

1	51 − ___ = 35
2	52 − ___ = 14
3	85 − ___ = 48
4	64 − ___ = 29
5	84 − ___ = 69
6	31 − ___ = 12
7	75 − ___ = 58
8	58 − ___ = 25
9	61 − ___ = 47
10	72 − ___ = 36
11	93 − ___ = 59
12	37 − ___ = 19

→

14	9
15	4
16	8
17	7
18	5
19	11
33	12
34	3
35	1
36	2
37	10
38	6

1	62 − ___ = 38
2	72 − ___ = 25
3	83 − ___ = 39
4	51 − ___ = 26
5	67 − ___ = 18
6	42 − ___ = 15
7	91 − ___ = 45
8	72 − ___ = 49
9	84 − ___ = 56
10	62 − ___ = 17
11	53 − ___ = 27
12	82 − ___ = 34

→

23	10
24	5
25	6
26	7
27	3
28	1
44	2
45	11
46	12
47	4
48	9
49	8

Kreuz und quer gefragt

1	36 + 28 =
2	93 − 69 =
3	29 + 13 =
4	83 − 48 =
5	36 + 26 =
6	85 − 57 =
7	25 + 16 =
8	94 − 56 =
9	16 + 49 =
10	71 − 35 =
11	17 + 27 =
12	72 − 45 =

1	= 46 + 47
2	= 75 − 38
3	= 39 + 56
4	= 42 − 13
5	= 25 + 28
6	= 52 − 26
7	= 55 + 39
8	= 91 − 57
9	= 37 + 19
10	= 63 − 38
11	= 18 + 39
12	= 88 − 49

→

24	11
27	12
28	6
35	8
36	7
38	5
41	2
42	10
44	3
62	4
64	1
65	9

→

25	3
26	7
29	10
34	8
37	2
39	1
53	11
56	12
57	6
93	9
94	4
95	5

Zur Festigung

→

17	2
18	7
19	11
36	1
37	12
38	8
41	9
42	5
43	10
71	6
73	4
74	3

1 23 + 19 =

2 76 − 58 =

3 39 + 35 =

4 56 − 19 =

5 28 + 13 =

6 84 − 67 =

7 45 + 26 =

8 95 − 59 =

9 29 + 44 =

10 94 − 75 =

11 16 + 27 =

12 63 − 25 =

1 = 38 + 44

2 = 73 − 47

3 = 35 + 19

4 = 62 − 17

5 = 17 + 35

6 = 97 − 69

7 = 57 + 28

8 = 83 − 36

9 = 24 + 29

10 = 85 − 58

11 = 34 + 49

12 = 73 − 27

→

26	11
27	4
28	12
45	9
46	6
47	5
52	2
53	7
54	8
82	10
83	1
85	3

Achte auf die Aufgabenstellung!

1. 27 + ☐ = 82
2. 80 = ☐ + 49
3. 92 − ☐ = 48
4. 46 = ☐ − 17
5. 18 + ☐ = 50
6. 61 = ☐ + 39
7. 90 − ☐ = 49
8. 26 = ☐ − 26
9. 57 + ☐ = 81
10. 83 = ☐ + 48
11. 72 − ☐ = 29
12. 18 = ☐ − 49

22	9
24	12
31	10
32	11
35	8
41	1
43	6
44	5
52	4
55	2
63	7
67	3

23	7
25	8
33	5
34	6
36	12
42	9
45	3
46	10
56	1
58	4
64	2
65	11

1. 90 = ◯ + 48
2. 59 + ◯ = 92
3. 27 = ◯ − 37
4. 80 − ◯ = 34
5. 71 = ◯ + 46
6. 17 + ◯ = 53
7. 29 = ◯ − 29
8. 92 − ◯ = 27
9. 81 = ◯ + 58
10. 16 + ◯ = 61
11. 17 = ◯ − 39
12. 72 − ◯ = 38

Nur für Rechenkünstler!

1	82 = ◯ + 24
2	91 − ◯ = 29
3	81 = ◯ + 15
4	76 − ◯ = 24
5	72 = ◯ + 58
6	90 − ◯ = 22
7	81 = ◯ + 66
8	72 − ◯ = 19
9	84 = ◯ + 19
10	51 − ◯ = 39
11	92 = ◯ + 35
12	34 − ◯ = 16

→

12	6
14	9
15	5
18	1
52	11
53	2
57	10
58	12
62	8
65	4
66	3
68	7

→

13	1
16	2
17	7
19	8
54	11
55	10
56	6
59	5
63	9
64	3
67	4
69	12

1	27 + ☐ = 81
2	48 = ☐ − 19
3	63 + ☐ = 82
4	27 = ☐ − 29
5	77 + ☐ = 93
6	39 = ☐ − 25
7	13 + ☐ = 82
8	17 = ☐ − 38
9	78 + ☐ = 91
10	14 = ☐ − 45
11	24 + ☐ = 41
12	27 = ☐ − 36

Hier kommt alles vor!

1. $17 + 28 = ○$
2. $81 - ○ = 45$
3. $○ = 19 + 28$
4. $18 = ○ - 26$
5. $19 + 18 = ○$
6. $72 - ○ = 26$
7. $○ = 15 + 18$
8. $19 = ○ - 29$
9. $18 + 16 = ○$
10. $95 - ○ = 57$
11. $○ = 19 + 16$
12. $18 = ○ - 25$

→

33	3
34	6
35	12
36	8
37	5
38	4
43	7
44	9
45	10
46	1
47	11
48	2

1. $○ = 39 + 16$
2. $29 = ○ - 38$
3. $37 + 19 = ○$
4. $93 - ○ = 25$
5. $○ = 38 + 28$
6. $17 = ○ - 36$
7. $49 + 16 = ○$
8. $94 - ○ = 37$
9. $○ = 26 + 38$
10. $19 = ○ - 35$
11. $17 + 46 = ○$
12. $84 - ○ = 26$

→

53	5
54	9
55	3
56	1
57	12
58	11
63	8
64	2
65	10
66	7
67	6
68	4